AF340610

PROCÈS COMPLET

DES

SAINT-SIMONIENS,

AVEC

LES PORTRAITS DES ACCUSÉS.

Prix : 50 c.

PARIS,

B. WARÉE AÎNÉ, AU PALAIS DE JUSTICE,
ET CHEZ TOUS LES LIBRAIRES.

1832.

PROCÈS

CONTRE LES

SAINT-SIMONIENS.

COUR D'ASSISES DE LA SEINE (Première Section).

Présidence de M. Naudin.

Audience du 27 août 1831.

Depuis le procès fait aux chansons de Béranger, dans lequel M. le président des assises fut obligé, attendu l'affluence immense des spectateurs, pour se placer, d'entrer par une fenêtre de la salle, on n'avait pas vu une foule aussi considérable se presser dans l'intérieur de l'audience, dans les escaliers, dans les couloirs. L'affluence était grande jusque dans la salle des Pas-Perdus. Cette affluence avait été la même sur le passage des apôtres de Saint-Simon, et ils n'étaient arrivés au Palais qu'en fendant les flots d'une multitude curieuse et empressée. Quelques sifflets se sont, dit-on, fait entendre sur leur passage, mais la plupart du temps une curiosité mêlée d'un peu d'hilarité, a été le seul sentiment que leur vue a excité.

Les dames sont en grand nombre dans la salle ; on y remarque madame Wilmen, actrice du Vaudeville, qui a suivi avec beaucoup d'intérêt les débats de ce procès. A neuf heures et demie, une vive rumeur, qui du dehors se communique dans l'enceinte, annonce l'arrivée des prévenus. Ils s'avancent à pas lents et comptés, la tête haute, les bras croisés. Le sieur Enfantin, qu'ils appellent *le Père*, marche le premier.

Sa tête est belle ; sa longue barbe noire, ses cheveux flottants sur ses épaules nues, la bizarrerie, l'élégance de son costume, fixent tous les regards. Emile Barrault le suit ; ses traits sont plus austères, sa démarche plus modeste. Après lui vient Michel Chevalier, remarquable par la régularité de ses traits et la vivacité de ses regards. Chaque apôtre et novice est nommé à son passage par les spectateurs qui les connaissent. On distingue dans la foule la figure remarquable du jeune Moïse Retouret. C'est presque le seul qui n'ait pas de barbe ; ses cheveux blonds sont coupés ras sur le front, et longs par derrière ; il porte le costume d'apôtre. Les novices portent la barbe longue, et le seul signe qui les distingue autrement est la ceinture de cuir à boucle de cuivre.

Les prévenus sont : Prosper Enfantin ; on l'appelle *le Père ;* il est âgé de 36 ans, et ancien élève de l'Ecole polytechnique ; Michel Chevalier, ancien élève de l'Ecole polytechnique, ex-ingénieur des mines, ex-directeur du *Globe,* âgé de 28 ans ; Emile Barrault, ex-professeur à Sorrèze et à Paris, âgé de 33 ans ; Charles Duveyrier, ex-avocat, ex-rédacteur du *Globe,* âgé de 29 ans ; il a été missionnaire Saint-Simonien en Belgique et en Angleterre.

Olinde Rodrigues, qui s'est séparé de la famille, dont Enfantin est le chef, est le cinquième prévenu. *Le Père* seul n'a pas de conseil.

Les conseils de Michel Chevalier sont : Charles Lambert, ancien élève de l'Ecole polytechnique, ex-ingénieur des mines, âgé de 28 ans ; Léon Simon, docteur-médecin, âgé de 34 ans.

Les conseils de Emile Barrault sont : Bruneau, ancien élève de l'Ecole polytechnique, ex-capitaine d'état-major, chevalier de la Légion-d'Honneur, âgé de 38 ans ; et Hoart, ancien élève de l'Ecole polytechnique, ex-capitaine d'artillerie, ex-directeur de l'église saint-simonienne de Toulouse, âgé de 37 ans.

Les conseils de Charles Duveyrier sont : Gustave d'Eichtal, ex-rédacteur du *Globe*, qui a été missionnaire en Angleterre, âgé de 28 ans, et Adolphe Rigaud, docteur-médecin, qui a été missionnaire dans l'Ouest, âgé de 28 ans.

A leur suite marchent les autres membres de l'association dite la famille de Ménilmontant, et qui sont : Moïse Retouret, ex-professeur; Antoine Ollivier, ex-agriculteur : c'est le premier qui ait vendu son champ pour la propagation de la religion saint-simonienne; Charles Duguet, ex-avocat, missionnaire en Belgique; Massol, missionnaire à Lyon (novice); Joseph Machereau, fils de portier, peintre, missionnaire en Belgique; Félix Tourneux, ancien élève de l'Ecole polytechnique, ex-officier d'artillerie; Ribes, ex-avocat, missionnaire à Lyon; Paul Juttus, peintre; Jules Toche, ancien élève de Roville, ex-agriculteur; Charles Pennesère, ex-courtier en librairie; Victor Mercier, ex-étudiant, ex-employé du *Globe;* Dominique Tajan-Rogé, artiste musicien, novice; Auguste Chevalier, ex-élève de l'Ecole normale, ex-professeur; Félicien David, musicien compositeur, élève du Conservatoire; Casimir Cayol, ex-négociant à Marseille, novice; Louis Desessarts, ex-voyageur du commerce; Raymond Bonheure, peintre; Victor Bertrand, de Metz, novice; Thomas Orbain, de Cayenne, homme de couleur, novice; Desloges, prolétaire, ex-garçon boucher, ex-employé du *Globe;* Jean Terson, ancien curé catholique; Paul Rochette, ex-professeur, ex-rédacteur du *Globe;* Réné Rousseau, ex-agriculteur; Pouyat, ex-étudiant, ex-rédacteur du *Globe;* Alexis Petit, ex-avocat, ex-élève de la ferme-modèle de Roville; Henri Fournel, ancien élève de l'Ecole polytechnique, ex-ingénieur des mines, ex-directeur des mines, forges et fonderies de Creusot, demeurant à Paris, rue Monsigny, n° 6; Réné Holstein.

A dix heures et demie, Enfantin et les autres prévenus prennent place au banc des accusés. Derrière eux viennent se grouper les membres de la famille, désignés comme conseils. Simon, docteur en médecine, et Lambert, ingénieur des mines, siégent au banc des avocats.

1.

M. le président interroge les prévenus sur leurs noms et qualités.

D. Premier prévenu, quel est votre nom?

R. Prosper Enfantin, âgé de 36 ans.

D. Quel est votre état?

R. Chef de la foi nouvelle.

D. Où demeurez-vous?

R. A Ménilmontant.

Olinde Rodrigues, second prévenu, s'est placé au bout du banc et loin du père Enfantin, près duquel il doit être assis. M. le président l'invite à prendre la place que lui assigne l'acte d'accusation.

Le prévenu. J'ai à répondre à un seul chef, il serait peut-être plus convenable que ces messieurs, qui ont plusieurs préventions à repousser, ne fussent pas séparés. A moins que la loi ne l'exige, je demande à rester où je suis.

M. le président : Cela est impossible et porterait obstacle à la clarté de ces débats.

Olinde Rodrigues va s'asseoir auprès du père qui sourit en lui faisant place. On se rappelle que ce chef de l'association saint-simonienne s'est séparé de lui depuis long-temps.

M. le président : Quels sont vos noms, profession et domicile?

Olinde Rodrigues : Agé de 37 ans, commis intéressé chez un agent de change, docteur à la Faculté des sciences, disciple de Saint-Simon, né à Bordeaux.

Le troisième prévenu répond aux mêmes questions : Je m'appelle Pierre-Ange-Emile Barrault, âgé de 33 ans.

D. Quel est votre état?

R. Apôtre.

D. Où demeurez-vous?

R. A Ménilmontant.

Michel Chevalier déclare être âgé de 26 ans, être apôtre de la foi saint-simonienne, demeurant à Ménilmontant.

Charles-Honoré Duveyrier, cinquième prévenu, déclare

être âgé de 29 ans, exercer également la profession d'apôtre, et demeurer à Ménilmoutaut.

M. le président aux prévenus : Avez-vous des avocats?

Chevalier : Nous avons des conseils et non des avocats. Ces conseils sont membres de notre famille; ils sont près de nous.

Rodrigues : Pour ma part, je n'ai ni conseil, ni avocat.

M. le président rappelle aux conseils quoi qu'ils ne soient pas avocats qu'ils doivent s'expliquer avec modération, et ne rien dire de contraire aux lois.

M. le greffier donne lecture de l'acte d'accusation et de l'arrêt de renvoi. Cet arrêt est précédé de l'exposé des faits suivants:

« Depuis quelque temps , il s'est formé à Paris une association dite saint-simonienne; ses chefs ont annoncé publiquement l'intention de créer une religion nouvelle, et de changer les principes élémentaires de la société. Suivant eux, la propriété est un mal qu'il faut s'empresser de détruire; c'est un privilége qui doit disparaître ainsi qu'ont disparu l'esclavage, le servage et les droits féodaux. En conséquence, les biens ne se transmettront plus par la voie de l'hérédité, mais ils seront mis en commun et distribués à chaque individu selon son mérite et suivant ses œuvres; et les juges souverains du mérite, les distributeurs de toutes les richesses seront les ministres de la religion nouvelle.

» La supériorité que, d'après les lois , l'homme exerce en certains cas sur la femme , est, suivant les Saint-Simoniens, un autre abus auquel il faut mettre un terme. De là des principes nouveaux sur le mariage , sur le divorce et sur les relations entre l'homme et la femme; ces principes et les écrits dans lesquels ils sont exposés, sont signalés comme contraires à la morale publique et aux bonnes mœurs.

» Pour publier leurs doctrines et rattacher le plus grand nombre à leur religion , les Saint-Simoniens ont publié des brochures, acheté et géré à leur compte le journal *le Globe*, établi des correspondances dans toutes les parties de la France et dans d'autres parties de l'Europe. Ils ont ouvert à Paris des salles où ils ont fait des instructions et des prédications. Quelquefois le public y a été indistinctement admis; dans d'autres circonstances l'entrée n'en a été permise que sur des cartes distribuées par les chefs à trois ordres de personnes qu'ils ont désignés sous les dénominations de visiteurs, aspirans, fonctionnaires.

» En attendant le moment où la religion saint-simonienne sera devenue dominante et universelle, et où les ministres de cette religion seront les dépositaires et les dispensateurs de toutes les richesses, Barthélemy-Prosper Enfantin, se disant chef suprême de la religion saint-simonienne, et Olinde Rodrigues, prenant la qualité de chef du culte saint-simonien, ont fait un appel de fonds : « Apportez à » Saint-Simon, ont-ils dit dans l'un de leurs écrits, ap-» portez à celui qui fonde la puissance morale de l'argent, » une part quelconque de votre argent, à titre de don ou » de prêt, selon votre force et votre amour, je recevrai tout » avec joie et je rendrai compte de tout avec honneur.» Sur cette demande, des sommes ont été données et prêtées par différentes personnes, et elles ont été reçues par les chefs Saint-Simoniens sans aucune formalité ni autorisation.

» Il a été rédigé un acte d'association dans lequel tous ceux qui y ont pris part ont déclaré s'associer collectivement et solidairement, et apporter comme fonds social tous leurs biens présents et à venir.

» Les chefs Saint-Simoniens ont aussi fait dresser par-devant notaires des procurations les plus étendues dans lesquelles ils se faisaient donner pouvoir de recevoir tous loyers, arrérages de rentes, intérêts de capitaux et capitaux, de recueillir toutes successions et legs, de vendre tous biens meubles et immeubles, et en toucher le prix. Ils ont déterminé un assez grand nombre de personnes à souscrire ces actes et à donner de pareils mandats. Ils ont encore annoncé la création de rentes de 5o fr., et en ont vendu les inscriptions.

» Par tous ces moyens, les chefs des Saint-Simoniens se sont fait remettre des valeurs pour une somme de plus de trois cent mille francs.

» Cet appel de fonds, l'acte d'association, les procurations et la création des rentes ont eu lieu à la fin de 1831 et au commencement de 1832. A cette époque, un nouvel événement a dû attirer plus particulièrement l'attention du gouvernement et du ministère public sur la conduite des chefs Saint-Simoniens. Une plainte a été rendue par la veuve de François-Charles-Félix Robinet, ancien notaire à Meaux, et en dernier lieu juge-suppléant au tribunal de première instance dans la même ville. Elle y expose que son mari malade a été circonvenu par les chefs Saint-Simoniens ; que ceux-ci sont parvenus à le faire transporter dans une maison, rue de Monsigny, à Paris, maison appartenant à l'association saint-simonienne et chef-lieu de l'établissement ; qu'ils avaient éloigné de lui tous les membres de sa famille, et que, profitant de son état de maladie, d'isolement et d'obsession, ils l'avaient déterminé à faire un testament et à instituer légataire universel l'un des chefs de la religion saint-simonienne. A l'appui de cette plainte, la veuve Robinet a déposé le testament de son mari, passé pardevant notaire, dans la rue de Monsigny, n. 6, le 22 novembre 1831, testament dans lequel se trouve institué légataire universel Barthélemy-Prosper Enfantin, demeurant dans la même maison.

» Enfantin est convenu qu'il ne connaissait Robinet qu'en sa qualité de chef de la religion saint-simonienne, et que, comme ministre de cette religion, il l'avait assisté dans ses derniers moments ; seulement il a prétendu que c'était volontairement que Robinet s'était fait transporter dans son établissement rue de Monsigny, et avait fait une disposition testamentaire au profit de l'association.

» Ce testament, ayant donné lieu à un procès civil, ne sera

pas, quant à présent, l'objet de l'action criminelle, mais les faits qui s'y rattachent peuvent éclairer la justice sur les intentions des chefs des Saint-Simoniens, et ont dû être recueillis dans l'instruction.

» Une association de la nature de celle dont on vient de parler, de pareils principes professés publiquement, avaient éveillé l'attention de l'administration et du ministère public : pendant quelque temps, ils se sont bornés à recueillir des renseignements et à surveiller la marche et les progrès de cette nouvelle société; mais au commencement de 1832, lors des derniers actes dont nous venons de parler, après l'appel de fonds, l'acte d'association, les procurations, la création des rentes et la plainte rendue par la veuve Robinet, le ministère public a cru devoir employer les moyens que les lois mettaient à sa disposition, et déférer à la justice les doctrines, les discours, les écrits et sur-tout les actes des chefs Saint-Simoniens.

» En conséquence, et indépendamment de l'action en escroquerie qui sera instruite plus tard en police correctionnelle contre MM. Enfantin et Rodrigues, les chefs de prévention qui font l'objet du procès en Cour d'assises, sont ainsi libellés :

» 1° Contre Barthélemy-Prosper Enfantin, Olinde Rodrigues, Pierre-Casimir-Emile Barrault et Michel Chevalier, d'avoir, en 1830, 1831 et au commencement de 1832, formé, sans l'autorisation du gouvernement, une association de plus de vingt personnes, dont le but était de se réunir à certains jours marqués pour s'occuper d'objets religieux, politiques, littéraires et autres;

» 2° Contre Enfantin, d'avoir, en novembre 1831, tant par des discours proférés dans une réunion publique, que par des écrits imprimés et distribués, commis le délit d'outrage à la morale publique et aux bonnes mœurs, en prononçant, dans une assemblée de l'association dite saint-simonienne, deux discours, le premier commençant par ces mots : *Chers enfants, je vous ai tous vus*, et finissant

9

par ceux-ci : *et se reposer*; le deuxième commençant par
ces mots : *Caseau, tu m'as prévenu*, et finissant par ceux-ci :
le Code de la pudeur, et en faisant imprimer et publier les-
dits deux discours;

» 3° Contre Chevalier, d'avoir, en janvier 1832, par un
écrit imprimé et distribué, commis le délit d'outrage à la
morale et aux bonnes mœurs, en publiant dans le numéro
du 12 janvier 1832 du journal *Le Globe*, dont il est gérant,
un article intitulé : *De la Femme*, commençant par ces
mots : *Il existe une multitude d'hommes*, et finissant par
ceux-ci : *à laquelle ils les appellent*;

» 4° Contre Charles-Honoré-Constant Duveyrier, auteur
de l'article énoncé au numéro précédent, de s'être rendu
complice dudit délit en fournissant à Chevalier les moyens
de le commettre, sachant qu'ils devaient y servir;

5° Contre Chevalier, d'avoir, en février 1832, par un
écrit imprimé et distribué, commis le délit d'outrages à
la morale publique et aux bonnes mœurs, en publiant,
dans le numéro du 19 février 1832 du journal *le Globe*,
dont il est gérant, un article intitulé : *Extrait d'un des enseignements du père suprême Enfantin, sur les relations de
l'homme et de la femme*;

» 6° Contre Enfantin, auteur de l'article énoncé au numéro précédent, de s'être rendu complice dudit délit en
fournissant à Chevalier les moyens de le commettre, sachant qu'ils devaient y servir. »

Un second arrêt de la Cour royale, joint au premier par
ordonnance de M. le président, renvoie les prévenus devant le jury, pour avoir tenu à Ménilmontant des réunions
illicites qui avaient moins de rapport à une religion nouvelle qu'à des objets politiques ou à des prédications peu
conformes à la morale.

Cette lecture achevée, le ministère public déclare n'avoir
fait assigner aucun témoin.

M. Michel Chevalier en a fait assigner trente-huit, au
nom de lui et de ses co-prévenus.

M. *le président* : Je vous ferai observer que les faits mentionnés dans l'arrêt de renvoi ne sont pas douteux : la prévention les regarde comme constants. (Dénégation au banc des prévenus.)

M. *Simon*, conseil de Michel Chevalier : L'article 329 du Code d'instruction criminelle, donne à tout prévenu le droit de faire entendre des témoins sur les faits mentionnés dans l'arrêt de renvoi ; il lui donne aussi le droit d'en faire entendre sur son honneur, sa moralité et sa probité.

M. *le président* : Il y a dans l'arrêt de renvoi des faits étrangers à la prévention actuelle.

M. *Simon* : Sans doute : quoique nous ne soyons pas appelés ici à répondre au délit d'escroquerie, l'accusation ne s'en est pas moins servie comme d'une arme de nature à répandre sur la cause une impression défavorable. Notre moralité est donc attaquée, et nous avons le droit de nous défendre contre ces imputations.

M. *le président* : Chargé de diriger les débats, je ne puis souffrir qu'ils sortent du cercle qui leur est tracé par l'arrêt de renvoi. Nous entendrons les témoins sur les faits de moralité, si toutefois un trop grand nombre de témoins ne nous paraît de nature à entraver sans utilité le cours de la justice.

Rodrigues : Il me semble que nous avons le droit de nous montrer tels que nous sommes, et que nous pouvons publiquement faire disparaître les charges qu'a pu faire peser sur nous une longue instruction. Le procès s'est engagé sur une bien vaste échelle : cent quarante témoins ont été entendus dans l'instruction à la requête du ministère public ; il n'a pas trouvé l'occasion d'en faire citer un seul dans ce débat public ; mais pour nous c'est un droit, un devoir d'en faire entendre, la Cour ne peut s'y opposer.

Enfantin se lève gravement (profond silence) : Quelle que soit la rapidité, dit-il, avec laquelle la Cour...

M. *le président* vivement : La Cour n'entend pas juger rapidement, mais il lui appartient de retrancher du débat tout ce qui est inutile à la manifestation de la vérité. Si vous insistez, la Cour statuera.

Enfantin : Ce que nous réclamons est notre droit, et il n'est pas dans votre intention, sans doute, de nous l'enlever.

Michel Chevalier insiste à son tour pour que les témoins assignés soient entendus.

Rodrigues : L'acte d'accusation énumère de prétendus faits d'escroquerie. Cet acte d'accusation a été lu devant cinq à six cents personnes. Il est de toute justice que nous puissions, au grand jour de l'audience, produire des témoins justificatifs.

M. le président : Vous pourrez les produire devant le tribunal correctionnel.

Rodrigues : Là, nous aurons des juges. Ici, nous n'en avons pas.

M. le président, à Enfantin : Reconnaissez-vous avoir formé en 1830, 1831 et 1832, une association de plus de vingt personnes, s'occupant des matières religieuses, politiques ou autres?

Enfantin répond affirmativement et sans se lever.

M. le président : Veuillez vous lever (le père se lève). Les autres prévenus font-ils les mêmes aveux ?

Enfantin : Oui, M. le président. Je désirerais seulement que l'on se servît du terme de *famille* et non de celui d'*association*. Ce mot rend mieux compte de ce que nous voulons et faisons.

M. le président : Vous direz cela dans votre défense. Je ne puis me servir que des termes de l'arrêt de renvoi. Reconnaissez-vous avoir formé, en juin et juillet 1832, des réunions à Ménilmontant?—R. Oui.— D. L'une et l'autre de ces réunions, soit à Paris, soit à Ménilmontant, étaient-elles publiques ? R. Oui, Monsieur; les réunions des dimanches étaient publiques, rue Taitbout, comme elles l'ont été à Ménilmontant, jusqu'au jour où M. le procureur du Roi a cru devoir nous faire entourer de troupes et faire mettre les scellés sur nos portes. —Etes-vous l'auteur d'un discours prononcé en 1831, et inséré dans le *Globe?*—R. Ce discours est de moi; il n'a pas été prononcé publiquement, mais bien en réunion de famille. Je l'ai fait insérer dans *le Globe.*

Les autres prévenus reconnaissent également les faits à eux imputés par l'acte d'accusation, et relatifs à la publication de divers discours et articles dans *le Globe* ou dans des brochures séparées.

Le premier témoin est appelé, c'est le jeune Moïse Retouret : il lève la main sur l'invitation de M. le président.

M. *le président* : Vous jurez de dire la vérité, toute la vérité ?

Le témoin se tourne vers Enfantin : Père, dit-il, puis-je prêter serment :. .

M. *le président* : Le serment que vous êtes appelé à prêter doit être libre, il doit être l'expression de votre volonté.

M. *Simon,* conseil : je ferai une seule observation; Messieurs les jurés, à l'ouverture de ces débats, ont juré devant Dieu et devant les hommes. On ne demande au témoin qu'un serment devant Dieu...

M. *le président* : Cela ne vous regarde pas, vous n'avez pas la police de l'audience.

M. *le président* au témoin : Voulez-vous prêter serment ?

Le témoin garde le silence et fixe de nouveau ses yeux sur le père.

Enfantin : On nous accuse dans l'acte d'accusation.....

M. *le président* : Vous n'avez pas d'observations à faire sur le serment. Témoin, consentez-vous à prêter serment ?

Le témoin se tait et tient toujours ses yeux fixés sur Enfantin.

Enfantin : Il ne peut pas prêter serment...

M. *le président* : Allez vous asseoir.

Enfantin : Je demanderai à donner quelques explications.

M. *le président* : Je ne puis vous entendre.

Enfantin : Il parlera à titre de renseignements.

M. *le président* : Faites retirer le témoin.

Le témoin reste en face, et fixe de nouveau ses regards sur le père.

M. *le président* : Faites retirer le témoin.

Me *Demerson*, avocat : Je demande à poser des conclusions.

M. *le président* : Vous n'avez pas la parole.

Enfantin, à Chevalier : Faites taire cet homme.

Chevalier, à l'avocat : Taisez-vous. (L'avocat se tait.)

Enfantin : Le témoin pourrait être entendu à titre de renseignements.

M. *le président* : La loi s'y oppose.

Enfantin : Nous sommes accusés par l'acte d'accusation de prendre la religion pour prétexte; nous ne pouvons pas, au moment où nous sommes appelés à constater aux yeux du monde nos sentiments religieux, prononcer une formule de serment qui ne nous lierait pas avec les jurés.

M. *le président* : Prenez des conclusions.

L'audience est interrompue pendant quelques instants. Pendant cette suspension, on s'entretient sur cet incident; quelques avocats s'approchent des conseils et semblent leur indiquer les formules légales pour rédiger et prendre des conclusions. Enfin, après un intervalle de dix minutes, M. Simon lit des conclusions signées par Michel Chevalier. Elles sont ainsi conçues :

« Attendu que l'on impute à notre religion, dans le réquisitoire de M. le procureur du Roi, de n'être autre chose qu'un *panthéisme* confus; attendu que le serment, dont la formule vient d'être lue par le président, implique précisément dans son sens le plus clair et le plus grammatical le panthéisme confus, il plaise à la Cour décider et mentionner au procès verbal, que les témoins, en prêtant le serment, entendent faire abstraction de tout fait religieux. »

M. *Delapalme*, avocat-général : Ces conclusions sont

précisément contraires à ce que semblent désirer les prévenus, et elles sont rédigées de manière qu'elles ne peuvent être l'objet d'une décision judiciaire. On demande qu'on insère au procès-verbal que le témoin fait des réserves : cette observation ne peut être faite que par le témoin ; il ne l'a pas faite, il n'y a donc lieu de statuer.

Enfantin : M. le président demande que nous posions des conclusions sur le serment à prêter par les témoins ; c'est à nous qu'il s'adresse, c'est à nous de répondre et de conclure ; que si M. le président désire que le témoin s'explique, il n'a qu'à l'interpeller, il vous dira que nous avons exprimé sa pensée.

La Cour délibère et rend l'arrêt suivant :

« Attendu que les conclusions prises au nom des prévenus, relativement au témoin, ne concernent que le témoin et sont absolument étrangères aux prévenus, la Cour dit qu'il n'y a lieu de statuer. »

M. *Delapalme* : Il faut faire venir un autre témoin que celui qui déjà refuse le serment.

M. *le président* : Nous l'interpellerons de nouveau.

Le témoin Retouret est rappelé : tous les regards se portent successivement sur lui et sur le père Enfantin.

M. *le président*, au témoin : Êtes-vous prêt à prêter spontanément le serment prescrit par la loi?

Le témoin consulte de nouveau du regard le père Enfantin.

Enfantin : M. le président, vous préjugez une question...

M. *le président* : Je m'adresse au témoin.

Enfantin, avec solennité : M. le président vous m'avez demandé, il n'y a qu'un instant, si j'étais la loi vivante. J'ai répondu affirmativement, et vous reniez ma parole, puisqu'à présent vous empêchez mes enfants de me consulter.

M. *Delapalme* : M. le président veuillez demander au témoin s'il entend prêter serment spontanément, ou bien comme autorisé par ce qu'il nomme *le père* Enfantin.

Le témoin, avec un accent respectueux : Si le père me défend de prêter serment, je ne puis le prêter ; j'attends son autorisation.

M. *Delapalme*, vivement : Attendu que le témoin ne veut prêter serment qu'après avoir obtenu l'autorisation d'un prévenu, nous requérons qu'il ne soit pas entendu.

Enfantin : Mes enfants viennent de demander mon consentement pour prêter serment ; le ministère public requière que ce fait soit constaté au procès-verbal ; j'en suis content.

M. *l'Avocat-général* : Le serment est un acte grave, un acte solennel ; il ne doit émaner que de la conscience. On ne prête pas serment devant Dieu et devant le père Enfantin, mais devant Dieu et devant les hommes ; et, quand un témoin attend, pour prêter serment, l'autorisation d'un homme quel qu'il soit, d'un homme qui prend le titre de *loi vivante*, c'est vicier la pureté, la liberté du serment. Une déclaration ainsi subordonnée à la volonté d'autrui, ne peut être entendue dans le sanctuaire de la justice.

M. *Simon*, l'un des conseils des prévenus : M. l'avocat-général vient de parler de la gravité et de la solennité du serment : nous sommes d'accord avec lui sur ce point ; rien n'est plus grave en effet ni plus solennel, aussi nous demandions que les témoins fussent mis en *communion* avec les jurés en jurant devant Dieu et devant les hommes, ainsi que l'ont fait les jurés eux-mêmes au commencement de cette audience ; puis M. l'avocat-général résout soudainement une question religieuse ; il dit que le serment se prête devant la divinité : sans doute aussi, nous qui avons une foi religieuse, nous recevons directement l'autorisation du représentant, du vicaire de Dieu, c'est devant lui que nous prêtons serment ; si M. l'avocat-général est en face d'une foi religieuse qui n'ait sur la terre aucune formule positive, quant à nous nous en référons au chef de notre religion ; l'on s'étonne que les témoins demandent l'autorisation d'un homme ; je le conçois, ils ne savent pas quel est cet homme.

La Cour délibère de nouveau et rend sur cet incident l'arrêt qui suit :

« Attendu que le serment est un acte libre, et qui doit émaner de la seule volonté de celui qui le prête ;

»Attendu que le témoin Retouret a déclaré qu'il ne prêterait serment qu'autant qu'il serait autorisé par celui qu'il appelle *le Père Enfantin*;

» Attendu que le serment soumis à la volonté de celui qui est intéressé dans la cause ne peut inspirer aucune confiance à la justice; que ce n'est pas sur un pareil serment que les juges peuvent s'éclairer et rendre une décision; la Cour dit qu'il n'y a lieu d'entendre le témoin.» (Mouvement.)

M. *le président*, aux prevenus : Tous les autres témoins sont-ils dans le même cas? (On rit.)

Rodrigues : vous les entendrez !

M. Olivier est introduit : son costume annonce qu'il appartient à la famille ; il traverse lentement la salle et se place en présence du père Enfantin qu'il salue respectueusement.

M. *le président* : Témoin, tournez-vous du côté de la Cour.

Le témoin continue de fixer ses regards sur le père Enfantin.

M. *le président*, avec vivacité : Monsieur, vous n'avez d'avis à recevoir de personne.

Enfantin. : Le témoin ne prêtera pas serment.

Le témoin : Le père Enfantin est mon père, mon guide et mon directeur, je ne puis prêter serment sans son autorisation.

M. *le président* : Eh bien, retirez-vous. (On rit de nouveau.) Le témoin se retire conservant un sérieux imperturbable.

Enfantin : Ce qui se passe vous donne une preuve de la moralité de la famille de la religion nouvelle.

Tous les apôtres font un signe affirmatif. Plusieurs dames expriment leur satisfaction.

M. *le président*, à Enfantin : La Cour s'est déjà pro
noncée, voulez-vous renoncer à l'audition des autres
témoins?

Enfantin : Pas du tout.

On introduit M. Duguet, troisième témoin; il se place
devant le père Enfantin.

M. *le président* : Témoin, êtes-vous dans l'intention de
prêter serment?

Le témoin, élevant la voix et lentement : En l'absence du
père (il incline la tête), je me livrerais à ma spontanéité,
et je suis bien convaincu que je ne m'égarerais pas ; mais
partout où le père révèle sa présence, je ne puis agir que
par sa volonté.

M. *le président* : Allez vous asseoir.

M. Massot, autre témoin, est appelé; son costume est
moins complet que celui des témoins précédents. On murmure que ce n'est qu'un aspirant. Il s'avance près de la
Cour, et la même scène que pour les témoins précédents se
passe une troisième fois.

M. *le président* : Monsieur, êtes-vous tellement soumis
à la volonté de celui que vous appelez *le père* Enfantin,
que vous ne puissiez prêter serment?

Le témoin consulte le père, puis il dit : Je ne puis prêter
serment.

M. *le président* : Allez vous asseoir (On rit, et le témoin
se retire gravement).

M. *le président* : Il faut cependant sortir de ces incidents.
Huissiers, amenez tous les témoins.

Les huissiers exécutent cet ordre et se mettent à la tête
d'une longue série de témoins qui s'avancent procession-
nellement et avec solennité; ils sont au nombre de quarante; presque tous ont le costume imposé par le père;
quelques-uns ont le costume mondain, ce sont, à ce qu'il
paraît, les *enfants aspirants*; parmi eux, est un vieillard
soutenu par deux autres apôtres; il marche à peine, et
comme ses co-apôtres, contemple avec vénération *son père*.

M. le président : Les témoins sont-ils tous partisans de ce qu'on appelle l'association religieuse saint-simonienne?

Quelques apôtres : Oui ! oui !

Tous les apôtres, élevant la voix : Oui, tous! oui. (Leurs regards sont dirigés sur le père).

M. le président : Etes-vous tellement soumis à la volonté de celui que vous nommez votre *père* Enfantin , que vous ne puissiez, sans son autorisation, prêter le serment requis par la loi?

Les apôtres, ensemble : Oui ! oui ! nous sommes soumis à la volonté de notre père.

M. l'avocat-général : Il serait plus régulier d'interpeller spécialement chaque témoin.

M. le président : Huissier, faites l'appel.

L'huissier procède à cet appel.

Chaque apôtre, interpellé, répond qu'il ne prêtera pas serment : on appelle M. Baud avocat; un apôtre répond qu'il s'est retiré pour affaires.

Un apôtre : Je demande à légitimer mon refus.

M. le président : Il y a arrêt; retirez-vous.

Second apôtre : Les hommes d'une religion ne peuvent être jugés que par des hommes religieux ; quant à nous , notre père seul peut nous délier de nos serments.

M. le président : Très bien, allez vous asseoir (On rit.)

Troisième apôtre : Il n'y a que notre père qui puisse moraliser les hommes !

M. le président : Vous ne voulez pas prêter serment?

L'apôtre : Non !

M. le président : Eh bien , allez vous asseoir.

Deux apôtres successivement appelés sur la question de savoir s'ils veulent prêter serment, et moins prompts à refuser un serment qu'ils ne connaissent probablement pas, demandent à connaître la formule du serment.

M. le président : Le serment consiste à jurer et promettre de dire la vérité , toute la vérité et rien que la vérité.

Les deux apôtres, après avoir consulté les regards du père Enfantin, refusent le serment.

Un apôtre : Je ne dois pas prêter un serment qui...

M. *le président*, l'interrompant : En voilà assez. (Nouveau rire) ; allez vous asseoir.

Un apôtre : Je ne trouve pas dans la formule les noms de Dieu, et je ne puis...

M. *le président* : Cela suffit, allez vous asseoir.

Plusieurs apôtres veulent formuler leur refus : M. le président leur pose nettement la question :*voulez-vous ou ne voulez-vous pas?* et sur la négative des apôtres, il les fait retirer.

Rodrigues : Je demande acte à la Cour de ce qu'elle refuse d'entendre des témoins qui offrent de jurer *devant Dieu.*

M. *le président* : Le procès-verbal mentionne tout ce qui se passe.

M. Lambert, conseil, demande aussi que cet incident soit inscrit au procès-verbal.

Pendant cette discussion, les témoins se retirent avec autant de gravité que lorsqu'ils sont entrés. La séance est suspendue pendant quelques instants.

A la reprise de l'audience, Enfantin demande à faire une observation.

« J'ai besoin, dit-il, de signaler un fait qui vient de se passer dans la chambre du conseil. J'avais demandé pour conseil deux femmes ; la Cour s'y est opposée. La question qui va se débattre ici intéresse spécialement les femmes. Je ne réclame pas contre cette décision, je ne demande pas que vous reveniez sur cette décision ; mais il est bon que tous ceux qui nous entendent sachent que dans un cause qui intéresse spécialement les femmes, on n'a pas voulu que deux femmes fussent les conseils de l'accusé.

M. *le président* : Je n'ai rien à répondre ; je ne dois compte à personne des mesures que je prends légalement dans l'exercice de mes fonctions.

M. Delapalme, avocat-général, prend la parole en ces termes :

« Les Saint-Simoniens se sont unis en dehors de la société ; ils ont voulu se mettre en dehors de la loi. Ces hommes, la justice les amène aujourd'hui devant vous, et il faut le dire, nous sommes presque embarrassés sur la manière dont nous devons présenter cette affaire. Les prévenus sont amenés devant vous pour avoir formé une association non autorisée. Ils sont amenés devant vous pour avoir proféré des discours contraires à la morale et aux bonnes mœurs. Nous pourrions nous borner à vous dire : ils sont prévenus d'avoir formé une association non autorisée par la loi ; ils l'ont reconnu. Ils sont prévenus d'avoir parlé d'une manière outrageante de la morale publique : lisez leurs écrits. En faisant ainsi, Messieurs, nous ne satisferions peut-être pas à tout ce que la prévention demande. Si les actes de l'association saint-simonienne s'étaient arrêtés à ce qu'ils ont de ridicule, l'esprit public en aurait fait justice ; mais à côté du ridicule est venu se placer le danger ; et il est utile sur ce point d'entrer dans quelques explications.

» On a, depuis quelque temps, fait beaucoup retentir le nom de Saint-Simon ; on a voulu lui prêter quelque chose de divin ; on a voulu qu'il eût quelque chose de plus que l'apostolat. On se demande qu'était Saint-Simon : il fut notre contemporain. Si nous cherchons dans les livres de la doctrine, publiés par les prévenus qui sont devant vous, nous apprenons que Saint-Simon appartenait à une famille illustre, qu'il prétendait faire remonter à la plus ancienne origine. Il suivit d'abord la carrière des armes, et, à l'époque où la liberté semblait éclore pour nous, il allait prendre part à la guerre de l'Amérique. On rapporte qu'alors Saint-Simon se faisait réveiller chaque nuit par un valet-de-chambre qui lui disait : « Monsieur le comte, vous êtes grand ; vous devez arriver à de grandes choses. » Était-ce là un moyen d'arriver à de grandes choses ? Était-ce orgueil·, ou simplement un moyen de substituer en quelque sorte l'enflure à la grandeur véritable? C'est à la sagesse des hommes à décider. Quoi qu'il en soit, Saint-Simon, après avoir combattu avec courage, revint en France, et les livres émanés des personnes qui comparaissent aujour-d'hui devant vous, apprennent qu'alors il fi· des spécula-tions sur la vente des biens des émigrés. Il réu _it d'abord, et gagna beaucoup d'argent; mais bientôt le papier-mon-naie consomma sa ruine.

» Saint-Simon, ruiné, se jeta dans une vie d'agitation. Il écrivit quelques ouvrages, dans lesquels se trouvaient des idées de morale d'un ordre élevé. Cependant Saint-Simon était livré à la misère, et nous voyons qu'il chercha à finir ses jours par le suicide. Il n'y réussit pas; le coup qu'il se porta ne fut pas mortel : il fut rendu à la vie. Ce fut alors qu'encore tout mutilé, ·disent les écrivains saint-simoniens, il rêva à perfectionner sa doctrine. Après Saint-Simon, on ne parla plus de lui; ses idées semblèrent être entrées, en quelque sorte, dans la tombe avec lui. Cepen-dant quelques hommes entreprirent de réveiller ces idées. Un de ces hommes fut Olinde Rodrigues, qui avait été dans l'intimité de Saint-Simon, et avait reçu plus intime-ment ses confidences. Il était, avec Enfantin, gérant d'une société en commandite. »

M. l'avocat-général fait ici l'histoire des premiers mo-ments de l'association saint-simonienne. Il rappelle que, dès ses débuts, l'association éprouva le besoin de se pro-curer de l'argent; qu'elle fit des appels à ses affiliés. Il cite plusieurs passages de ses publications, où cet appel à la générosité des croyants est consigné. On y lit, par exem-ple, ces mots: « Gloire aux hommes de bonne volonté qui nous apporteront de l'argent!... Malheureusement le nom-bre des hommes de bonne volonté est rare, et nous ne pouvons aujourd'hui glorifier que M. Blanc de Grenoble, qui nous a envoyé 3oo fr. »

Chevalier, vivement. De quelles pièces sont extraits ces passages?

M. *l'avocat-général* : Ils sont extraits de pièces saisies dans votre maison.

M. Delapalme continue ses citations. Il appelle l'attention de MM. les jurés sur ce passage d'une lettre, dans lequel on lit : « L'Angleterre est le pays des lords et de l'or ; » à moins que le diable s'en mêle, nous y convertirons » bien quelques seigneurs. » Dans une autre pièce on remarque ce passage : « Il faut faire appel à la capacité de la » finance.... Il paraît que Hardouin, ancien ami du maître, » et interlocuteur dans la société des ouvriers, est frappé » de la lecture du *Globe*. »

M. l'avocat-général continue à exposer avec détails les actes de l'association. Il parle de la formation du parti politique des travailleurs, à l'époque où les troubles de Lyon éclataient. Il raconte cette prise d'habit fixée au jour où le canon grondait dans la capitale, et ces jongleries de costumes inventées pour frapper les imaginations faibles. Il expose la théorie des Saint-Simoniens relativement à la femme. Il analyse ensuite les doctrines publiées par le *père Enfantin* sur les *affections des êtres* : les uns ont des *affections durables*, les autres *passagères*; les uns sont mobiles, les autres immobiles; il faut que le prêtre intervienne pour régulariser les *rapports* qui doivent exister entre ces différents *êtres* : harmonier ces organisations, est le but de la religion.

« Tout cela, dit M. l'avocat-général, est environné de nuages et d'expressions mystiques; mais la pensée n'en est pas moins facile à saisir : aussi bien, d'ailleurs, le *prêtre* les explique en disant que le but de la religion est *la réhabilitation de la chair*. La nature des organisations exige l'influence médiatrice des prêtres, les êtres différemment organisés, se *dégoûteraient ou s'ennuieraient*; or, entre ces différentes *séries*, se place le prêtre qui *modifie et rapproche....* »

M. l'avocat-général fait ressortir tout ce que peut avoir d'immoral une doctrine qui tend à *réhabiliter la chair* et à donner *satisfaction et règle* aux différentes organisations.

Puis ce magistrat aborde les doctrines de la religion sur le divorce ; il fait remarquer que le prêtre doit *aimer* les deux natures, de *sentir*, de développer *les appétits intellectuels et charnels.....*

M. l'avocat-général fait l'histoire du *schisme* qui sépara les apôtres, lorsqu'*Enfantin* émit ces doctrines ; il rappelle les expressions énergiques d'une femme qui avait, au milieu même d'une réunion de Saint-Simoniens, protesté hautement contre la doctrine d'*Enfantin*, qu'elle qualifia de *profondément immorale*. (Un mouvement se manifeste sur le banc des prévenus.)

Une voix de femme se fait entendre : *Je suis*, dit une jeune femme, *ici pour protester......*

Enfantin : C'est Cécile Fournel !

Mlle *Cécile Fournel*, qui est assise derrière le père Enfantin : Je proteste.....

M. *l'avocat-général* : Qu'importe ; vous eûtes alors le courage de protester hautement contre le cynisme et l'immoralité des doctrines d'Enfantin.

Un apôtre, à demi-voix : Elle est revenue à *la loi vivante.*

M. Delapalme reprend le cours de son réquisitoire et rappelle les opinions émises, notamment par Duveyrier, sur le mariage qualifié par cet apôtre, *de divin banquet, augmentant de magnificence en raison du nombre et du choix des convives.*

M. l'avocat-général arrive aux attributions du prêtre Saint-Simonien. *Le couple sacerdotal* devra tantôt réveiller l'intelligence apatique, tantôt ranimer les sens engourdis, car s'il connaît les charmes de la pudeur, il connaît aussi ceux de l'abandon et de la volupté ; le couple sacerdotal exercera son ministère par l'influence de l'intelligence et de la beauté. Le prêtre est beau, gracieux, élégant, plein d'ardeur et de gaîté. Voilà, MM. les jurés, le prêtre Saint-Simonien. (Hilarité prolongée.) Ce couple, continue le ministère public, doit s'occuper du développement intellectuel et physique des êtres, et devra, au besoin, réchauffer les *sens engourdis* ou modérer leur ardeur déréglée.

» Messieurs, dit en finissant M. l'avocat-général, notre tâche est achevée ; vous allez terminer la vôtre : nous vous demandons de réprouver de telles immoralités, de crier, de crier aussi fort que peut crier un arrêt, qu'il y a là danger pour la morale, à ce que des hommes égarés, quelques jeunes gens dont on a fasciné les yeux, constituent au milieu de nous une société qui se déclare l'organe de semblables doctrines. Nous vous demandons encore au nom de la société de repousser de son sein, de dissoudre du milieu de nous une société particulière, qui a ses intérêts à part, ses intérêts qui ne sont pas les nôtres, une société qui ne marche pas avec nous, et qui, par conséquent, marche contre nous. S'il en était autrement, toute société serait livrée sans défense à ses ennemis. Nous vous demandons justice, et certes nous l'obtiendrons. »

L'audience est suspendue quelques instants.

A la reprise de l'audience Me Baud, avocat, l'un des témoins cités qui n'était pas présent à l'appel, demande à être entendu. Il est prêt à prêter le serment. Il déclare se nommer Henri Baud, âgé de 25 ans, avocat à la Cour royale de Paris. Je suis, dit-il, beau-frère du prévenu Olinde Rodrigues, et je m'en honore.

« J'ai été mis en rapport avec la société saint-simonienne par l'éclat que jetaient ses doctrines ; je me suis approché de son chef alors que Bazard, qui est mort il y a quelque temps, partageait la direction de ses doctrines avec le père Enfantin. J'ai d'abord assisté aux séances comme auditeur, comme prosélyte ; mais non comme néophite. Je suis resté quelque temps membre inactif. Lorsque mes convictions ont été assez grandes pour que je pusse prendre part à l'œuvre, je reçus des chefs de la société saint-simonienne la mission de propager la religion saint-simonienne et les doctrines dont ils étaient la loi vivante. Mes fonctions étaient diverses. J'ai été, dans Paris, chargé cinq ou six fois par semaine de faire des enseignements dans différents quartiers. J'ai eu ensuite la mission d'aller répandre la doctrine dans les pays circonvoisins.

» Je vais m'expliquer sur les injonctions que le chef me faisait alors, et sur la manière dont il dirigeait ma conduite.

» J'avais quelque penchant à une trop vive argumentation, et quand il m'arrivait précisément de manquer à cette règle de pacification, de tranquillité, d'ordre, d'harmonie entre tous les rangs du corps social, j'ai toujours été réprimandé par les chefs, et jamais réprimande n'a été mieux acceptée. J'ai souvent été envoyé en mission, et dans ces missions j'ai toujours eu les mêmes instructions.

» J'ai été notamment à Meaux; c'est là que je me suis présenté chez Robinet, dont il a été question dans ce procès, et il est bon de montrer comment les captateurs se produisaient; car alors j'étais un captateur. Après des instances réitérées, je fus reçu chez Mme Robinet mère, qui plus tard a déposé une plainte. J'ai alors positivement déclaré nos intentions à l'égard de Robinet, sur son avenir, et j'ai toujours vu cette famille heureuse de voir revivre cet homme qui auparavant semblait s'éteindre au milieu de cette société qui ne lui présentait plus d'éléments d'amour et d'activité.

» J'ai déterminé Robinet à donner de son vivant des sommes à la société saint-simonienne, comme je l'eusse fait moi-même, si alors j'avais eu autre chose qu'un travail, qui, comme on le sait, offre en général peu de ressources aux jeunes avocats. On n'a rien fait pour exercer de l'influence sur Robinet; je sais même que le père a renvoyé le notaire au moment où Robinet voulait faire son testament.

» Voilà la mission que j'ai acceptée de mon chef; je n'ai pas craint de demander un argent que je croyais utile à l'amélioration de la classe des pauvres. Je professe pour tous les prévenus un profond respect, et leur probité me semble au-dessus de toutes les probités du monde. »

M. Rodrigues prend la parole, et répond en commençant à la partie du réquisitoire du ministère public concernant la vie de *Saint-Simon*. M. Rodrigues raconte comment Saint-Simon, descendant de Charlemagne, jeta les premiers éléments de la doctrine saint-simonienne, et rappelle pourquoi il fut poursuivi en Cour d'assises; c'est, dit M. Rodrigues, pour une parabole célèbre qui se formulait par la comparaison suivante : quel serait le résultat pour les intérêts moraux et matériels de la société, si les plus hautes, les plus puissantes personnes ne faisant rien venaient à mourir, ou si la mort enlevait soudainement tous les chefs d'ateliers, tous les artistes et les principaux savants? Le résultat est facile à saisir : dans le premier cas, la société serait affligée, dans le second elle serait ruinée. Saint-Simon fut acquitté, c'est la seule chose omise par le ministère public.

M. Rodrigues arrive à la prévention; il repousse celle d'outrage à la morale publique, et sur-tout celle d'escroquerie, et s'étonne de cette seconde prévention lorsque personne ne s'est plaint d'avoir versé son argent. Il se félicite, en terminant d'avoir été l'objet des poursuites du ministère public. « Disciple de Saint-Simon, je devais, dit-il, subir la même destinée; je m'en honore. »

Enfantin : Les chefs d'accusation qui pèsent sur Michel Chevalier sont les mêmes que ceux qui pèsent sur moi. Je prie son conseil de prendre la parole.

M. *Léon Simon*, après avoir salué le père : C'est sous votre inspiration, père, que l'un des frères de Michel Chevalier m'a choisi, non pour être son défenseur dans le procès intenté à tous, mais pour être son conseil, son frère, son appui. En effet, ce n'est pas de nous défendre qu'il s'agit, mais d'expliquer, d'enseigner qui nous sommes, de révéler aux jurés et à tous ceux qui nous entendent, nos pensées, nos sentiments, et sur-tout nos actes, qui en sont le témoignage vivant.

« Je remercie le père de la tâche qu'il m'a confiée,

parce que c'est la première fois qu'il m'est donné d'apporter un témoignage public du caractère apostolique qui est à moi, caractère qui, à l'audience, a bien pu faire sourire, et que je tâcherai de faire respecter.

» Vous le savez, MM. les jurés, cette accusation, commencée sur une échelle excessivement vaste, suivie d'une longue procédure, et qui n'a pas duré moins de six mois, n'a abouti qu'à une simple violation de l'article 291 du Code pénal, et à un outrage à ce qu'on appelle la morale publique et les bonnes mœurs commis par la voie de la presse. Encore une fois, je ne suis pas défenseur; dans ma vie passée, je ne fus pas avocat. Je vais donc vous exposer simplement notre situation, et vous dire qui nous sommes. Enfantin, aujourd'hui notre père, notre chef suprême, nous a communiqué, inspiré et révélé une foi nouvelle. Tous les actes que nous reproche l'accusation sont la conséquence, le résultat de cette foi. Vous êtes aujourd'hui juges d'une question de foi; vous voilà constitués en concile qui va décider en matière de foi.

» Sous ce rapport, nous pouvons dire que tous les organes de la justice humaine sont à nos yeux incompétents. Il n'y a qu'un pouvoir religieux qui puisse juger une religion. On ne peut opposer à une foi une autre foi. Sommes-nous une religion? C'est la première question à examiner. »

M. Simon trace ici l'historique judiciaire de la famille saint-simonienne, qui a livré à la plus grande publicité ses actes et ses paroles : en 1830, quelques attaques furent livrées à la religion; plus tard, on fit fermer les salles de la rue de Grenelle-Saint-Honoré; un peu plus tard encore, l'autorité se proposa d'arrêter nos prédications et nos enseignements. Ce fut dans ces circonstances que la salle Taitbout fut fermée, et que commença l'instruction.

M. Simon arrive à faire connaître les antécédents de M. Chevalier, ingénieur des mines du dépôt du Nord, et de M. Barrault, professeur à Sorrèze, qui, tous deux, ont quitté une position aisée pour se jeter dans le sein de la famille saint-simonienne. Il demande si une semblable abnégation de tout intérêt privé, aussi bien établie en faveur des prévenus, peut se concilier avec l'idée de jongleurs qui veulent escroquer les faibles à l'aide de jongleries, et repousse les inculpations d'escroquerie portées contre eux et contre toute la famille.

Il est cinq heures et demie; M. Simon demande une suspension : il n'a rien pris depuis ce matin, et se trouve dans un état de faiblesse, qui ne lui permet pas de continuer.

M. *le président :* Entendrons-nous encore plusieurs discours ?

M. *Enfantin :* Nous abrégerons autant qu'il sera possible.

L'audience est suspendue et renvoyée à 7 heures précises.

La foule nombreuse s'écoule péniblement; une affluence vraiment extraordinaire de curieux envahit toutes les avenues du Palais, les rues et les quais voisins, dans l'espérance de voir les Saint-Simoniens au moment où ils sortiront pour aller dîner.

Mais les apôtres ont, à ce qu'il paraît, préféré dîner dans l'intérieur du Palais; ils se sont donc fait apporter un très modeste dîner, apprêté par leur cuisinier et apporté de Ménilmontant, arrosé toutefois, dit-on, de quelques verres de vin de Madère, et suivi de quelques tasses de café et de petits verres.

Il est sept heures et demie. MM. les jurés sont rentrés, mais les dames qui sont sur le banc et près des apôtres n'ont pas encore pris leur café; nous voyons quelques apôtres qui, avec un zèle et une attention apostolique, appellent le garçon limonadier, le secondent, et offrent à deux dames le café qu'elles désirent. Le voile de l'une d'elles étant tombé sur sa tasse, l'apôtre le soulève galamment.

Enfin la Cour rentre en séance. La foule est toujours considérable. La parole est à M. Léon Simon.

« Messieurs, dit l'apôtre, j'avais annoncé que j'aborderais la prévention d'outrage à la morale publique; mais notre père ayant manifesté la volonté de se réserver cette partie de la cause, je dois garder le silence ; toutefois, avant cette discussion, notre frère Michel Chevalier désire être entendu. »

M. le président : la parole est à M. Chevalier.

M. Chevalier s'adressant d'abord au père Enfantin et en s'inclinant respectueusement, lui dit : Mon père, je suis heureux de saisir cette occasion éclatante de vous témoigner de la foi que vous nous avez donnée et dont vous êtes la loi vivante !

Puis se retournant vers le jury : « Messieurs les jurés, dit M. Chevalier, il nous suffira de quelques observations pour combattre les argumentations du ministère public. » M. Chevalier suit la prévention pas à pas ; il discute spécialement la question religieuse , il s'efforce de démontrer que toutes les religions se sont occupées d'argent , et que les Saint-Simoniens ont dû se mêler du *temporel,* et ont dû intervenir dans la politique pour sauver de son imprudence le pouvoir qui *patente la prostitution,* et pour arrêter enfin les masses populaires.

M. Chevalier s'interrompt pour prier son frère Duguet de lire un article publié lors des événements de juin.

M. Duguet donne en effet lecture d'un article qui annonce un but politique en dehors de tous les partis, et qui consiste à construire des chemins de fer, à creuser des canaux, à défricher des landes, le tout sans augmenter les impôts.

Dans cet article, il est dit que les Saint-Simoniens ne sont ni *légitimistes,* ni *républicains,* ni *juste-milieu;* nous aimons, dit l'auteur, les républicains, parce qu'ils sont progressifs et braves ; mais nous ne sommes pas républicains, parce que les individus de ce parti sont trop ardents et trop pressés. Nous aimons les légitimistes, parce qu'ils ont des principes stables, mais sur beaucoup de points nous sommes en désaccord avec eux. Nous aimons le juste-milieu (hilarité prolongée), nous aimons le juste-milieu, parce qu'il veut la paix (on rit) et l'ordre, parce qu'il est économe, soigaeux et rangé ; mais nous ne sommes pas du juste-milieu, parce qu'il ne rend justice, ni aux légitimistes, ni aux républicains.

M. Chevalier donne lecture d'une longue série d'articles tirés du *Globe* et ayant pour but de bien établir que la politique des Saint-Simoniens, loin d'être une politique de perturbation et de désordre, est au contraire une politique éminemment favorable à l'ordre, à la paix extérieure et intérieure, et aux développements de l'industrie.

M. le président rappelle plusieurs fois M. Chevalier à la question et à sa défense.

Enfantin : Assez, frère, vous fatiguez la Cour.

Un de MM. les conseillers : Et le public.

Enfantin : Je ne sais pas si nous fatiguons le public, mais ce ne pourrait être une considération pour la Cour, qui pût la porter à restreindre notre défense.

M. Chevalier défend la famille saint-simonienne du reproche d'avoir excité les événements de Lyon. Il s'offre, au contraire, à prouver, par la lecture de plusieurs articles du *Globe*, qu'il avait prévu ces événements, et avait indiqué les remèdes qu'on pouvait apporter au mal. Il annonce qu'il va rendre compte d'une conversation qui eut lieu à ce sujet avec M. le garde-des-sceaux, qui, dit-il, est un honnête homme, quels que soient les reproches qu'on lui adresse ; mais, ajoute-il , il est difficile de contenter tout le monde. La critique est aisée, mais, comme dit le proverbe populaire, le plus embarrassé est celui *qui tient la queue de la poéle*. (On rit.)

M. *le président* : Abordez la prévention, et ne perdez pas le temps à raconter les conversations.

Enfantin : Un coup de fusil est plus court. On nous a reproché d'avoir fait des jongleries au lieu d'être descendus sur le pavé le 6 juin ; nous devons repousser ces reproches.

M. *le président* : Le réquisitoire de M. l'avocat-général

n'a pas duré deux heures : vous ne pouvez ainsi abuser du droit que la défense a de tout dire.

Enfantin : Voilà sept mois que dure le réquisitoire.

M. *le président* : Si vous abusez de la parole , je vous rappelerai à l'ordre.

Enfantin : Oui , à l'ordre ! C'est ce que nous désirons. Non-seulement on nous accuse d'escroquerie, mais encore on nous accuse de lâcheté devant des hommes, et, chose sur-tout intolérable ! devant des femmes. (Une personne placée dans l'auditoire applaudit.)

M. *le président* : Faites à l'instant sortir la personne qui vient d'applaudir.

Les gardes municipaux expulsent à l'instant un petit jeune homme placé dans un coin de la salle.

M. Chevalier continue la lecture de plusieurs articles du *Globe*. M. le président l'interrompt et lui déclare au nom de la Cour que la cause pour lui est entendue.

M. Lambert prend la parole. Il aborde la question de l'incompétence religieuse. Il la fait résulter de ce fait que tous les symboles religieux ont disparu de la salle d'audience, et en conclut que des hommes religieux sont seuls compétens pour juger des hommes religieux , et que des hommes qui manquent de pensées religieuses ne peuvent être appelés à juger des hommes religieux. Il soutient que les Saint - Simoniens , hommes d'un monde nouveau , ne peuvent être jugés par des hommes du monde ancien. « En arrivant à la Cour , ajoute-t-il , nous avons bien vu que nous étions dans un monde qui n'est pas le nôtre, car lorsque le Père , dans une cause de femmes , a voulu se faire assister de deux femmes pour conseils, on le lui a refusé. (M. le président sourit.)

Enfantin : M. le président rit encore.

M. *le président* : Je vous invite à ne pas interrompre.

Enfantin : Je fais remarquer que vous avez ri.

M. *le président* : Gardez vos remarques pour vous.

Enfantin : J'ai besoin au contraire de les communiquer.

M. Lambert termine par une courte et rapide analyse biographique de tous les membres de la famille.

M. Duveyrier prend la parole pour défendre l'article incriminé dont il est l'auteur. Il se livre à une discussion étendue sur la théorie de la morale universelle. Il demande ce que c'est que la morale publique définie par nos lois. La France, petit royaume, tenant un si étroit espace dans le globe, a sa morale définie par ses lois; cette morale est-elle celle des peuples nombreux qui couvrent la surface de la terre? La morale des Saint-Simoniens est la morale universelle; elle échappe à l'appréciation de la loi restreinte qui a défini la morale publique en France. » L'orateur trace ici le tableau des mœurs des peuples de l'Afrique, de l'Asie, des îles du Sud. « Là, dit-il, la polygamie est la loi morale, la morale publique. »

M. *le président* : Je dois vous interrompre, vous faites ici l'éloge de la polygamie.

Duveyrier : Je cite des faits, j'en tirerai tout-à-l'heure des conséquences.

« M. *le président* : A la première inconvenance, je vous interdirai la parole.

Duveyrier : Laissez-moi achever, je m'appliquerai à parler d'un ton qui ne blessera aucune susceptibilité, je suis apôtre et je ne suis pas avocat.

M. *le président* : C'est pour cela qu'il est dans les usages de la Cour de donner des défenseurs aux accusés.

Duveyrier : Des avocats, je n'en ai pas trouvé; je n'en ai pas trouvé qui me comprissent. Je leur ai dit : vous ne pouvez me défendre, vous êtes tous plongés dans l'adultère ou la prostitution; ils ont tous baissé la tête et n'ont pas répondu.

L'orateur continue et termine en établissant un parallèle entre la morale du christianisme et la morale nouvelle, dont il est apôtre. « La parole du Christ, dit-il, a été toute d'anathême; il a dit que, quand le temps de l'abomination et de la désolation serait venu, le monde serait détruit et rentrerait dans le cahos. Dieu a démenti ces paroles d'anathème. Ce n'est pas le cahos qu'il a produit, mais bien une création infinie et inépuisable de richesses. Cette prophétie diabolique, qui devait réduire en poudre la création du Tout-Puissant, cette prophétie qui devait s'accomplir, même durant la vie du Christ, a été déchirée par les mains de Dieu. Non, Dieu n'a pas brisé la terre; mais il l'a de toutes parts labourée, sillonnée par des travaux humains. Au lieu de séparer les bons des mauvais, et de jeter ces derniers au feu éternel, il a, au contraire, donné à tous les hommes le sentiment de l'association. Il a cultivé les pays incultes, civilisé les pays barbares, il a refoulé dans notre vieille Europe des sauvages venus d'au-delà du Danube. Il a découvert un nouveau Monde par Colomb, son capitaine de mer; il a indiqué aux hommes des chemins nouveaux; il leur a montré le chemin des planètes et les leur a données comme des flambeaux pour les conduire sur les mers. Je vous dis donc que Dieu est tout-puissant et bon, meilleur que votre morale, qui l'accuse, ne le représente; je vous dis cela au nom de son Christ, au nom de celui qui m'a pris pour son fils, et que j'ai pris pour mon père. Je vous le dis. J'ai plaidé ma cause. »

La Cour entend encore M. Barrault. Lorsqu'il arrive à la discussion de l'adultère et de la prostitution, M. le président l'interrompt en disant : « Assez long-temps la défense a dégénéré en scandale; à demain. »

Barrault : C'est ainsi que se terminent les conciles.

Audience du 28 août.

Dès huit heures du matin, les Saint-Simoniens sont arrivés au Palais de Justice au milieu d'une foule moins nombreuse que hier, à cause du mauvais temps, mais toujours considérable et toujours avide de voir le costume et la physionomie de ces apôtres.

L'audience est envahie, avec le même empressement qu'aux audiences précédentes. A neuf heures, la Cour entre en séance. La parole est à M. Enfantin qui se lève et prononce un discours interrompu par de longues et fréquentes pauses, et débité avec une solennité inaccoutumée.

M. *le président* : La parole est à M. Enfantin.

M. *Enfantin* : Je voudrais savoir si M. l'avocat-général a l'intention de répliquer ; j'attendrais alors, afin de lui répondre.

M. *l'avocat-général* : Vous ne vous êtes pas encore défendus sur la question morale.

M. *le président* : La question morale est très importante pour la défense ; il est de votre intérêt de vous justifier à cet égard.

M. *l'avocat-général* : Nous ne savons pas encore si le prévenu a quelque défense à présenter relativement à l'outrage aux bonnes mœurs et à la morale publique.

M. *Enfantin* : Je vais donc parler.

Le prévenu se lève lentement, et, plaçant sa main droite sur sa poitrine, parcourt d'un œil sévère les bancs des jurés, de la cour, du barreau et du public.

M. *le président*, après avoir attendu quelques instants, lui demande s'il lui faut un peu de loisir pour se recueillir ?

M. *Enfantin* : Non ! non ! je vous remercie.

M. *le président* : En ce cas, veuillez parler. (Un profond silence s'établit).

« Messieurs, dit M. Enfantin, M. l'avocat-général vient de vous dire qu'il ne conçoit pas mes moyens de défense ; je ne me défends pas.... nous avons cherché mes fils et moi, mes fils par leur parole et moi par la direction que je leur ai imprimée hier, à vous faire comprendre votre incompétence pour juger des *apôtres*. Nous nous sommes mis en communion avec le monde de bien des manières différentes, en voici une nouvelle pour nous, et, dans aucune occasion, nous n'avons été traînés à la remorque ni jugés par personne. Cette fois, nous ne le serons pas non plus.

» Je le sais bien, juges et jurés peuvent, sur toutes choses qui leur sont présentées, porter leur jugement ; qu'ils jugent. Pour moi, j'ai plutôt à expliquer, comme enseignement pour tous, ma conduite de chaque jour, et sur-tout ma conduite d'hier, qui a dû paraître incompatible avec uos habitudes pacifiques, quand on nous a vu débattre avec aigreur, peut-être, une cause qui devait être jugée avec calme, qu'à me défendre. Nous avions besoin que tous ces incidents justifiassent ce que j'ai à dire de votre incompétence ; *ma volonté a été que cela fût ainsi,* et soit qu'il y ait eu spontanéité dans la forme par nous employée, soit qu'il y ait eu calcul fait à l'avance, comme M. l'avocat-général pour soutenir l'accusation, qu'importe, nous en avions besoin.

» Je ne pensais pas que des juges qui viennent juger la plus haute question de moralité, et qui traite des rapports des deux sexes, me refusassent le conseil de femmes !...... Ils l'ont fait !..... D'un autre côté, et lors du serment de mes fils j'ai voulu vous donner le témoignage le plus éclatant de la foi qui nous *relie* (*religion veut dire relier*), vous n'avez pas voulu que mes fils me consultassent ; vous avez nié immédiatement qu'il y ait un lien entre ces hommes et moi ; vous avez scindé ces êtres, vous avez voulu qu'ils se dégageassent de toute affection et qu'ils parlassent en brutes, en machines parlantes.

» Ils vous ont montré qu'ils étaient hommes, et qu'ils étaient liés à moi.

» Il serait drôle que l'intelligence de mes fils fût tellement abrutie, qu'ils aient rétrogradé aux siècles de l'ignorance, et qu'ils aient tout quitté pour venir auprès de moi perdre leur volonté et leur liberté ; vous croyez que les hommes que vous avez entendus hier sont des hommes esclaves.... Hier, ils ont dû diriger les débats de manière à surprendre la Cour en défaut de compétence à l'égard de la cause qui lui est soumise.... »

M. Enfantin s'arrête et promène ses regards sur toute l'assemblée.

M. *le président* : Voulez-vous prendre un peu de repos?

Enfantin : J'ai besoin de m'inspirer !.... et il continue à contempler l'auditoire; puis il reprend lentement en ces termes :

« Je regarde.... je voudrais apprendre quelque chose par mes regards... »

M. l'avocat général sourit.

M. *Enfantin* : gravement : Vous riez, Monsieur?

M. *l'avocat-général* : Enfantin, vous n'êtes pas ici pour parler du regard, et vous charger de la police de l'audience. Si vous continuez sur ce ton, je serai obligé de requérir la suspension de l'audience.

M. *Enfantin* : « Je regardais, et j'attache beaucoup d'importance à un regard. Hier, l'avocat-général, analysant notre doctrine, vous signaliez comme coupable le passage où nous avions dit que le prêtre devait être *beau*, *bon* et *sage*; ce sont les trois formes qui, pour nous reproduisent tous les progrès de la métaphysique ancienne. (Longue pause de l'orateur.) M. l'avocat-général a foulé aux pieds l'argent et les plaisirs; il est philosophe !.... Il sera payé pour sa cause; il recevra de l'argent et de l'or.... Il sera donc bon et permis de vous dire quelle importance nous attachons aux formes, au regard, à la beauté; oui, c'est par ces regards que je dirige sur vous que je cherche votre pensée et mes inspirations.

» Quand on me dit de me recueillir, je retrouve dans cette observation le fils du chrétien qui n'est habitué à ne trouver des pensées que dans des méditations et la solitude; pour moi, ce n'est pas dans le recueillement, mais dans les inspirations que je cherche à découvrir la volonté d'un homme, car, pour moi, je pourrais révéler la mienne par ma figure.

» Si M. l'avocat-général avait fait attention que le christianisme, qui, du moins dogmatiquement, n'attachait aucune importance aux formes, ne donnait pas les ordres à un homme disgracié de la nature, il aurait compris peut-être que nous avons voulu que les prêtres de notre religion dussent se présenter avec des formes de nature à révéler la vie qui respire en eux... Si l'on forme une armée, chacun de dire : *Les carabiniers doivent être de beaux hommes.* (On rit.) Maintenant, il est vrai qu'ils doivent briller dans les combats, tuer! Nous, nous disons que c'est pour briller ailleurs, c'est pour aimer, faire aimer, régulariser des choses qui, désordonnées comme elles le sont aujourd'hui, sont épouvantables. Ce sont surtout les beaux corps que je voudrais laver de leur souillure et appeler à une vie meilleure.

L'orateur reste long-temps encore à promener ses regards sur les jurés.

M. *le président* : Nous ne pouvons être ici pour attendre le résultat de vos contemplations. L'audience est suspendue.

La Cour se retire, M. Enfantin suit gravement chaque magistrat du regard.

Après une suspension d'une demi-heure, l'audience est reprise.

M. *le président*, à Enfantin : Etes-vous prêt?

Enfantin : « Monsieur ; j'ai demandé tout à l'heure à expliquer comment mon regard m'inspirait la forme de mon discours; je suis prêt.... Je crois avoir à enseigner partout, et même ici. Je désire que cet enseignement tienne lieu de défense, dussiez-vous dire que cette imperturbable manie d'enseigner est une folie.

» Nous disons que la chair doit être réhabilitée, mais nous ne la trouvons pas moins souillée que vous ; hier nous blâmions les désordres de la chair; nous voulions vous montrer le palais des rois et la fille publique dans le palais des rois; vous avez trouvé notre parole scandaleuse;

et cependant comme vous nous désirons faire cesser ces scandales ; mais avec vous nous différons quant aux moyens : vous avez les Madelonnettes, les bagnes, les échafauds; nous, nous pensons qu'on peut moraliser, et qu'il y a un traitement de haute philanthropie; nous, nous disons que ce monde que vous trouvez saignant dans sa chair, a besoin de cure radicale, et qu'il existe un traitement moral.

» Médecins de l'humanité, si vous voulez nous condamner dans notre remède, il faudrait en enseigner un meilleur que le nôtre. Or, si pour guérir cette lèpre honteuse de la prostitution et de l'adultère, nous venons dire au monde: il faut délivrer de la misère héréditaire et de l'oisiveté héréditaire; ce monde qui vit sur la constitution de la propriété par droit de naissance, nous accusera, et cependant cette manifestation sociale se fera. Le Code de commerce témoigne déjà de cette nécessité de la mobilisation du sol.

» Vous reconnaissez que notre association est dangereuse, et qu'elle vient troubler l'ordre; vous avez raison et vous avez tort. »

M. Enfantin, aborde la question politique, combat l'hérédité et trouve plus de garantie dans le choix par degré de capacité. Il continue ainsi :

« Nous ne pensons pas que toutes les élucubrations de ces deux derniers siècles pour équilibrer le mouvement social soient vides de sens; pour nous, nous sentons que Dieu ne veut plus que tout ce qui a servi à démoraliser serve à moraliser. Pendant dix-huit siècles la chair a été crucifiée par les chrétiens, nous pensons que dix-huit siècles de souffrance sont assez, puisque la crise de santé arrive; que pour la donner, cette santé, il fallait la porter en soi, avoir le front de dire devant des hommes, qui croient que la chair est l'instrument du péché, qu'il faut employer la beauté à se faire aimer, à attirer à soi; quand on a une bonne pensée, à l'imprimer; ils pensent que c'est de la séduction...

Nous, nous croyons qu'il fallait leur dire, aussi hautement que l'on dit je suis bon mathématicien : Je sens que Dieu a mis en moi puissance de me faire aimer, et que je voulais que ceux qui ont une puissance semblable à moi dans le monde, et qu'ils emploient à séduire, s'unissent à moi, et que cette puissance fût régularisée. Je voulais que ces hommes employassent autrement cette puissance ; et tant qu'on ne comprendra pas que cette puissance de démoralisation est une moyen puissant d'organiser, il y aura des esclaves, des *paria*, des filles publiques : ma mission est de faire cesser tout cela, tout cela cessera, quand la parole de libération de la femme, le verbe nouveau de Dieu se sera fait chair dans la femme, comme il s'est fait chair dans l'homme pour sauver l'esclave.

» La femme est esclave du temple ; plusieurs d'entre vous ont ri (et je ne veux pas en faire l'objet d'un reproche), ont ri hier de l'inconvenance qu'il y aurait à voir ici des femmes avec nous ; cependant je défie un homme de bonne foi d'affirmer que sur les relations intimes du foyer domestique, l'homme a plus de lumières que sa femme, sa sœur ou sa mère. J'ai compris mieux que d'autres la puissance de la femme, et c'est parce que j'ai vu cette puissance sous une foule de formes différentes que j'ai cru avoir mission de révéler à tous les êtres leur ignorance et leur injustice à l'égard de la femme, et que j'ai dû leur commander le silence en attendant, sur l'homme et sur la femme, une révolution par la femme.

» Ma parole est celle de l'homme précurseur de celle de la femme, Messie de son sexe qui doit le sauver de l'esclavage (l'esclavage qui est la prostitution) comme le Christ a sauvé l'homme d'un autre esclavage. J'ai à préparer l'affranchissement des femmes par les femmes, comme saint Jean-Baptiste a préparé l'affranchissement des hommes par les hommes. Que direz-vous de moi ? que je suis un fou, eh bien ! condamneriez-vous un fou ? Si vous trouvez notre foi exagérée, je ne comprends pas non plus que vous puissiez la juger, vous êtes incompétens ; suis-je un homme à idées avancées, mais de bonne foi ; dans tous les cas vous n'avez qu'une chose à décider, votre incompétence. »

M. Enfantin s'assied gravement.

La parole est à M. l'avocat-général pour la réplique.

« Nous sommes obligé, dit ce magistrat, de vous faire descendre de la hauteur à laquelle on a cherché à vous faire monter. Il faut le reconnaître, nous ne sommes ni apôtres ni disciples, nous n'avons pas la foi. Nous sommes du nombre des scribes et des docteurs de la loi qui, trop pénétrés des dispositions de la loi écrite, ne veulent ni reconnaître ni proclamer la loi divine.

» On a voulu agrandir le cercle de la discussion ; on y a jeté de ces phrases pompeuses nées de l'exaltation d'un moment. On a transformé cette salle en un concile. C'est un concile, a-t-on dit, ce ne sont plus des juges, des jurés, ce sont des évêques de l'Orient, ce sont des évêques de l'Occident. Messieurs, non, il n'y a pas ici de concile, il n'y a ni évêques de l'Orient, ni évêques de l'Occident ; il y a quelque chose de grand cependant au sein de la société, ce sont des citoyens qui viennent ici représenter leurs concitoyens, agir au nom de la société entière et organisée ; ce sont des citoyens qui viennent faire respecter la loi par leur décision. »

M. l'avocat-général revenant sur les faits de la cause, parcourt les considérations invoquées par les prévenus et leurs conseils ; il s'attache sur-tout à démontrer qu'il ne s'agit pas le moins du monde de religion ni de culte, mais d'un délit d'outrage à la morale publique. Que les prétendus enfants de Saint-Simon piochent à Ménilmontant, au nombre de soixante, quelques perches de terrain; libre à eux de faire appel à la femme Messie qui doit apparaître pour régénérer la classe des femmes ; libre à eux de s'appeler apôtres, disciples; libre à eux de croire à la puissance du regard du père Enfantin, de baiser même la poussière de ses pas (Hilarité prolongée), qu'ils le fassent, ce n'est pas de cela qu'il s'agit; qu'ils aient telle religion, telle croyance qu'ils voudront, la France ne s'en inquiète pas; la raison humaine en fera justice. Ce que nous voulons, c'est que, libres dans leur culte, ils soient soumis aux lois de la société dont ils font partie. »

M. l'avocat-général reconnaît que parmi les disciples de Saint-Simon il y a du bon. Ce qui est bon, c'est la bonne foi de quelques-uns d'entre eux; il est parmi eux des hommes exaltés, mais au cœur droit et honnête, qui croyent être dans le vrai et dans le bien; mais aussi il est parmi eux des individus chez lesquels il n'y a ni égarement, ni exaltation, ni erreur, mais calcul. Il est parmi eux des individus pour lesquels a été merveilleusement bien approprié l'expression de jonglerie.

M. Enfantin se lève précipitamment en disant : Signalez-les !

M. Delapalme: Je n'ai pas besoin de vos interpellations; mais si vous voulez une application positive , je place en tête de ceux dont j'ai parlé en dernier lieu, celui qui se proclame la loi vivante, le précurseur de la femme Messie, appelée à régénérer la classe des femmes.

Michel Chevalier : Continuez, M. l'avocat - général , continuez à préciser vos accusations.

M. *le président*. N'interrompez pas. N'interpellez pas M. l'avocat-général.

Michel Chevalier : C'est fait ! qu'il réponde.

M. l'avocat-général continue sa réplique , et parcourant de nouveau les discours et les écrits de la doctrine saint-simonniene, ce magistrat en fait ressortir le délit d'outrage à la morale publique et d'association non autorisée.

La parole est ensuite à M. Deichtal, conseil de M. Duveyrier, et à M. Lambert.

M. Duveyrier est également entendu, et dans un discours, écouté avec attention, cet apôtre discute, par des arguments nouveaux, la question d'outrage à la morale publique. « On se plaint , dit-il, que nous ayons associé les mots de décence et de volupté, c'est cependant le problème à résoudre ; nous voulons enlever à la décence ce qu'elle peut avoir d'ennuyeux, à la volupté ce qu'elle a d'indécent, et arriver ainsi à une volupté décente ».

M. Michel Chevalier se lève.

M. *le président :* La question générale me semble épuisée, entendez-vous parler sur une question personnelle?

M. *Chevalier :* Je parlerai sur le réquisitoire du ministère public.

M. *le président :* Vous comprenez que la Cour a d'autres affaires à juger, et que le débat ne peut se prolonger inutilement, prenez des conclusions.

M. *Chevalier :* j'aurai plutôt fait de parler que de conclure, je ne demande que dix minutes.

M. *le président :* La Cour vous accorde même un quart-d'heure.

M. Chevalier cite un discours de Robespierre dans lequel celui-ci disait à la tribune publique, que la Convention professait la plus grande tolérance pour toutes les religions qui ne troublaient pas l'ordre public. « Je vous demande, dit M. Chevalier aux jurés, la tolérance de Robespierre. »

La parole est à M. Barrault, prédicateur. « Messieurs, dit-il, s'il s'agissait ici de juger des voleurs, des prostituées ou même des conspirateurs, M. le président et M. l'avocat-général rivaliseraient de zèle pour donner à la défense toute la latitude qu'elle comporte. Aussi en voyant M. le président, secondé par le ministère public, circonscrire la défense, vous avez dû comprendre qu'ils ne sentent pas ce que c'est qu'une foi nouvelle, qu'ils ne sentent pas..

M. *le président :* Monsieur, la Cour et le ministère public ont le sentiment de leurs devoirs, et quoique vous en disiez, ils savent et sauront consciencieusement les remplir.

Un juré demande que l'audience soit suspendue par suite d'indisposition passagère.

L'audience est en effet suspendue, et après un quart-d'heure la parole est de nouveau à M. Barrault, qui après quelques considérations lit les conclusions suivantes :

A ce qu'il plaise à la Cour, attendu que Monsieur l'avocat-général ayant dit dans son réquisitoire que le père et les autres membres de la religion dite saint-simonienne ont abusé de la foi de plusieurs néophites et fait une jonglerie;

Qu'en se servant de ces expressions, M. l'avocat-général a commis le délit de diffamation envers nous, en donner acte.

La Cour, après quelques instants de délibération, rend l'arrêt suivant :

«Attendu que les expressions mentionnées dans les conclusions des prévenus, ont été proférées par le ministère public dans l'exercice de fonctions publiques;

»Qu'il ne peut appartenir aux prévenus de censurer les expressions émises dans le réquisitoire du ministère public;

»Dit qu'il n'y a lieu de donner acte. »

MM. Enfantin et Rodrigues ajoutent quelques observations.

Il est trois heures et demie; M. le président prononce la clôture des débats qu'il résume.

MM. les jurés entrent dans la salle de délibérations à trois heures un quart, ayant à répondre aux questions suivantes qui leur sont remises :

1° Olinde Rodrigues, 2° Enfantin, 3° Michel Chevalier, 4° Duveyrier, 5° Barrault sont-ils coupables d'avoir contrevenu à l'art. 291 du Code pénal ?

2° Enfantin, Duveyrier et Michel Chevalier sont-ils coupables du délit d'outrage à la morale publique et aux bonnes mœurs, par la publication d'écrits sur la femme, et les rapports de l'homme et de la femme?

Ces questions sont subdivisées de manière à comprendre isolément chaque prévenu, et sont au nombre de sept.

A six heures le jury rentre en séance, et fait connaître sa décision dans les termes suivans :

Oui, à la majorité de plus de sept voix, les prévenus sont coupables sur toutes les questions.

M. *le président*, aux prévenus : Avez-vous quelque chose à dire sur l'application de la peine ?

M. *Simon* prend des conclusions pour que les frères Chevalier et Barrault soient déclarés absous, attendu qu'à leur égard la question concernant l'association de plus de vingt personnes a été irrégulièrement posée...

M. *Duveyrier* fait observer que c'est à tort qu'il a été compris dans les questions relatives au délit d'association non autorisée, quoique dans l'arrêt de renvoi ce délit ne lui fût pas imputé, mais seulement celui d'outrage à la morale publique. Ainsi, dit-il, j'ai été condamné sur un fait pour lequel je n'ai pas été accusé.

. le p résident : La Cour se retire pour délibérer.

Après une demi-heure de délibération, la Cour a rendu l'arrêt suivant :

« Considérant qu'il résulte de la déclaration du jury, qu'Enfantin, Rodrigues, Barrault et Chevalier sont déclarés coupables d'avoir formé en 1830, 1831 et 1832, sans autorisation, une association de plus de vingt personnes ;

» En ce qui touche Duveyrier, considérant que c'est par erreur qu'il a été compris dans la première question, et que la déclaration affirmative du jury sur ce point ne peut donner lieu à aucune condamnation, puisque Duveyrier a été déclaré coupable d'un autre fait entraînant une peine plus grave, et qu'aux termes de la loi, cette peine doit être seule appliquée ;

» Considérant que Chevalier, ancien gérant du *Globe*, est déclaré coupable d'avoir commis le délit d'outrage à la morale publique, par la publication d'écrits et discours proférés dans des lieux publics ;

» Considérant qu'Enfantin et Duveyrier sont déclarés coupables l'un et l'autre comme auteurs des articles publiés par Chevalier, délit prévu par les art. 1er, 8 de la loi du 17 mai 1819, 26 de celle du 26 du même mois, 60 et 92 du Code pénal. La Cour condamne Enfantin, Duveyrier, Chevalier, à un an de prison, 100 fr. d'amende chacun ;

Rodrigues et Barrault à 5o fr. d'amende ; maintient la saisie des divers écrits et brochures publiés ; ordonne que la société dite Saint-Simonienne sera dissoute ; condamne en outre solidairement les prévenus aux frais du procès, et ordonne l'affiche de l'arrêt au nombre de 100 exemplaires ».

M. *le président* aux prévenus : Vous avez trois jours pour vous pourvoir en cassation contre l'arrêt qui vient d'être rendu.

Cet arrêt, prononcé dans les ténèbres, car la salle n'avait point été éclairée, a été écouté dans le plus grand calme. Après sa prononciation, le même calme a régné. Pas un murmure, pas un geste d'improbation ou de mécontentement n'a été manifesté au banc des prévenus.

Tous les disciples d'Enfantin se sont levés ensemble et ont regardé l'auditoire se disperser paisiblement. Quelques femmes seules nous ont paru agitées d'une sainte émotion de colère... L'une d'elles disait : « Comment un an de prison au père suprême !...»

La foule évacuée, MM. les Saint-Simoniens ont quitté leur banc et se sont disposés à se retirer ; ils se sont mis en rang devant la grande porte de la Cour d'assises.

Au moment du départ, Enfantin s'est adressé à quelques femmes qui se proposaient de les accompagner à Ménilmontant, et les a exhortées à demeurer en paix et en repos ; ce qu'elles ont fait : en telle sorte que le cortége des fils de Saint-Simon s'est remis en marche accompagné de cette foule animée de cette ardeur de curiosité qui avait attiré tant de monde sur leurs traces.

Nota. MM. Barrault et Chevalier se sont rendus, le 31 août, au greffe de la Cour, pour former leur pourvoi en cassation contre l'arrêt qui les condamne. Michel Chevalier était porteur de la procuration du père Enfantin.

IMPRIMERIE D'HIPPOLYTE TILLIARD, RUE DE LA HARPE, N. 84.